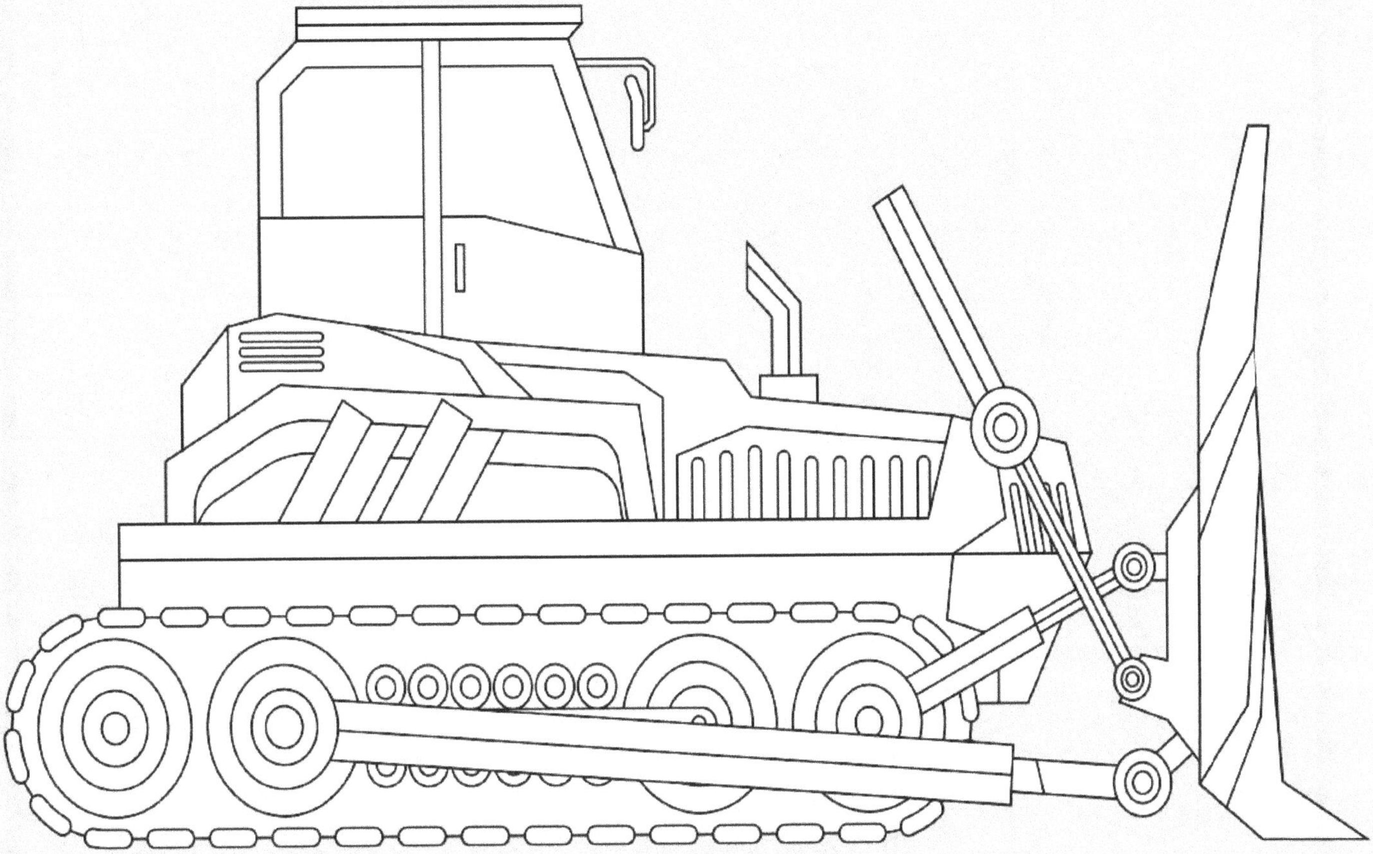

CE CAHIER DE COLORIAGE APPARTIENT À:

____

____

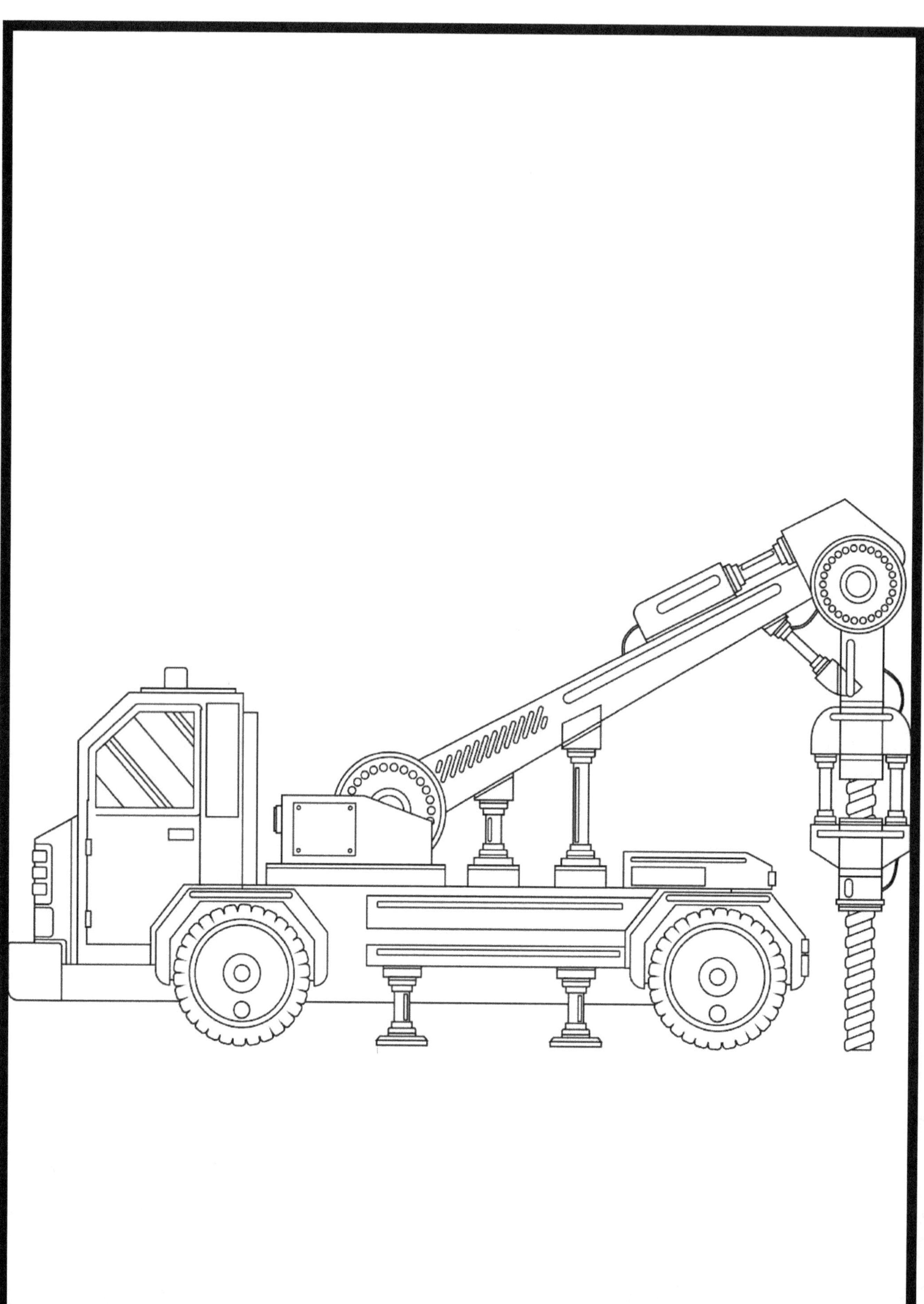

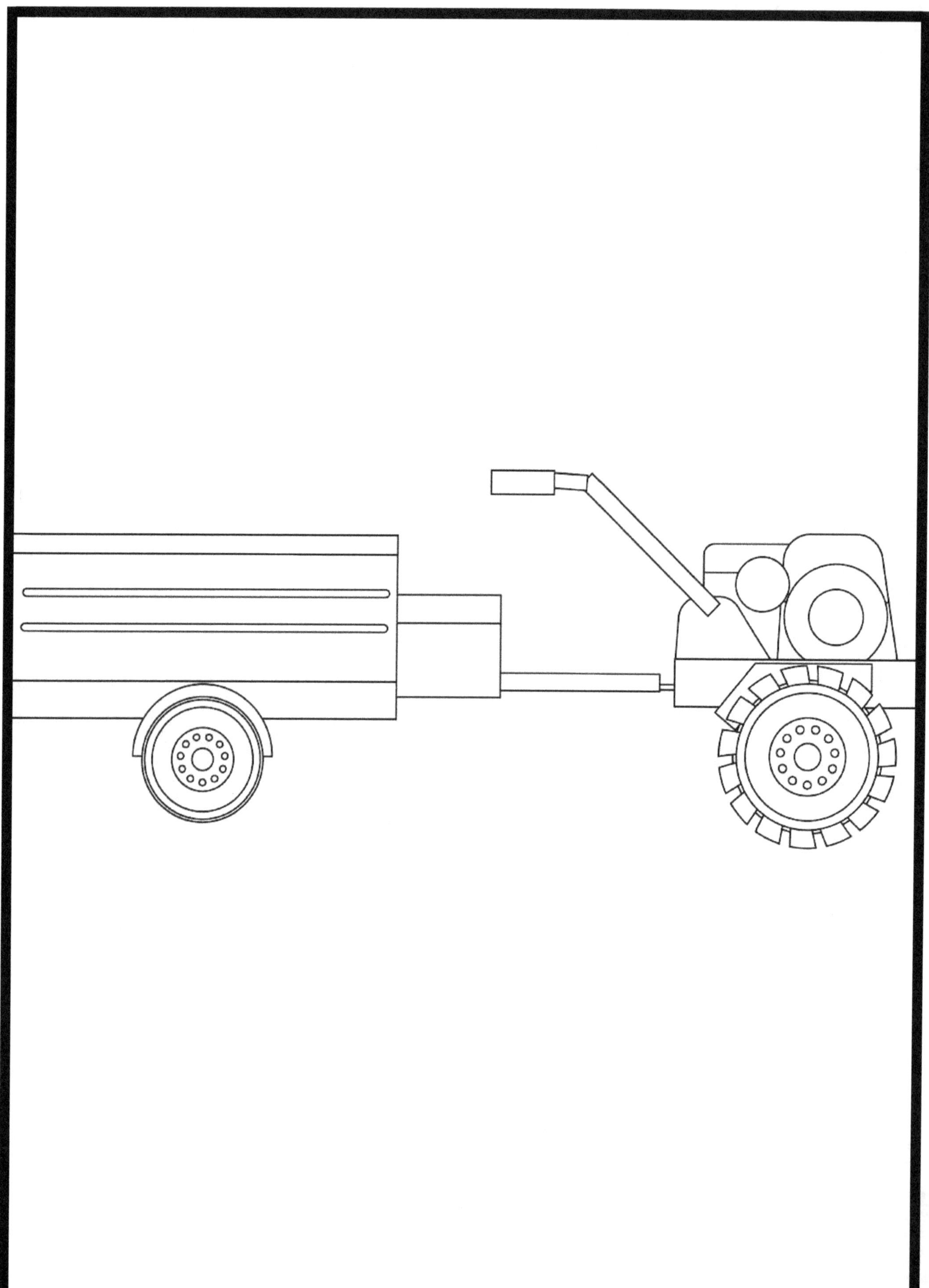

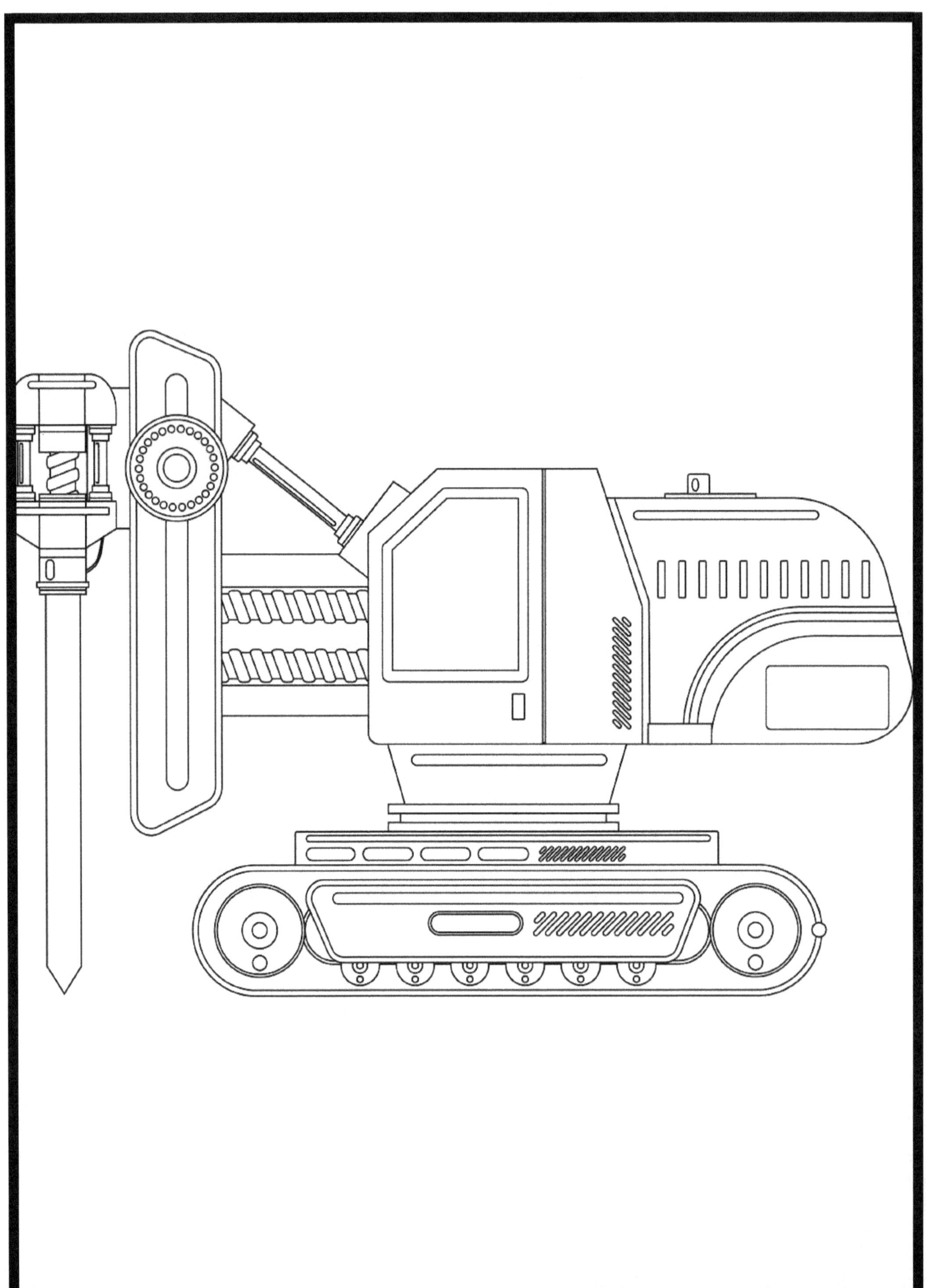

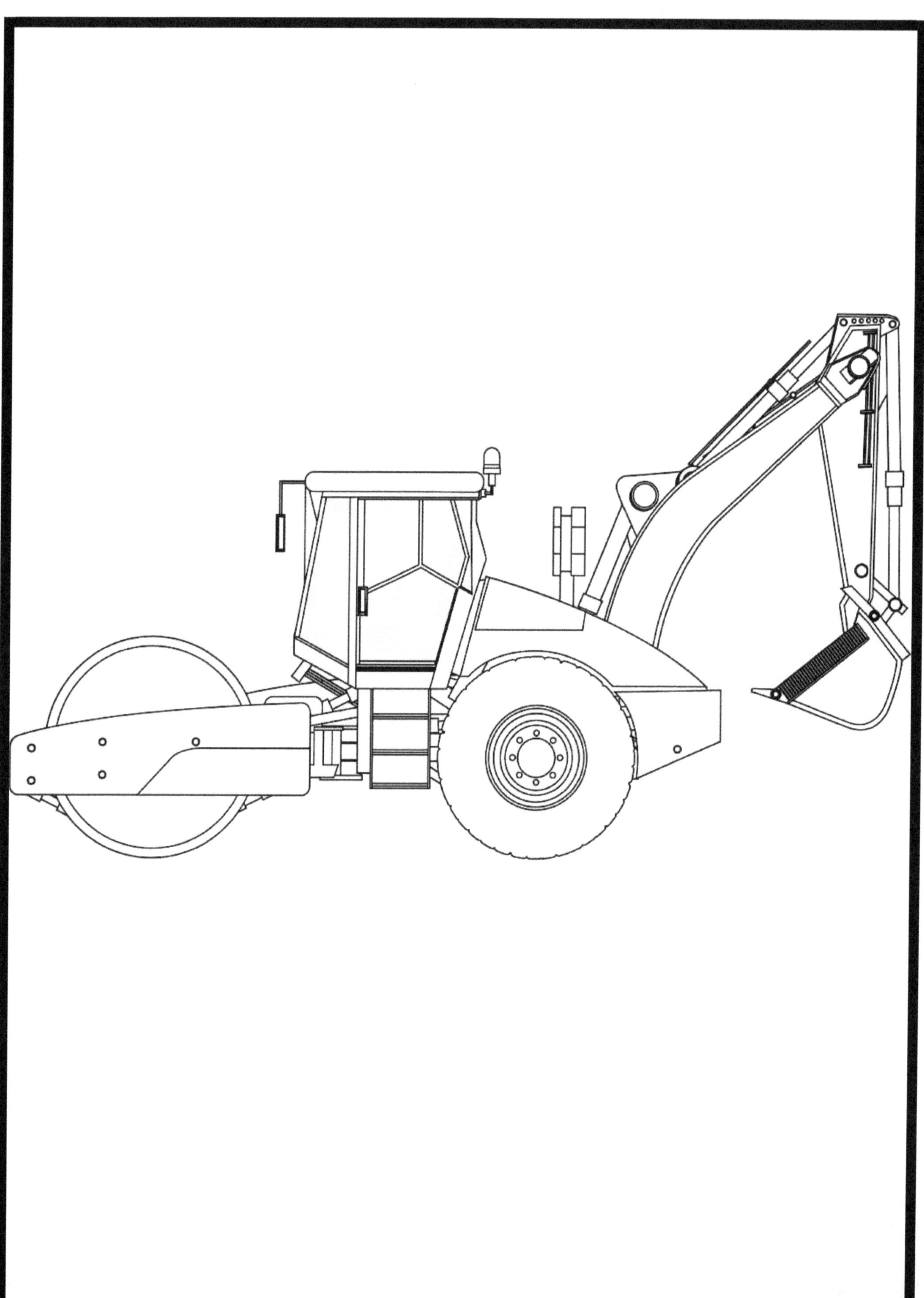

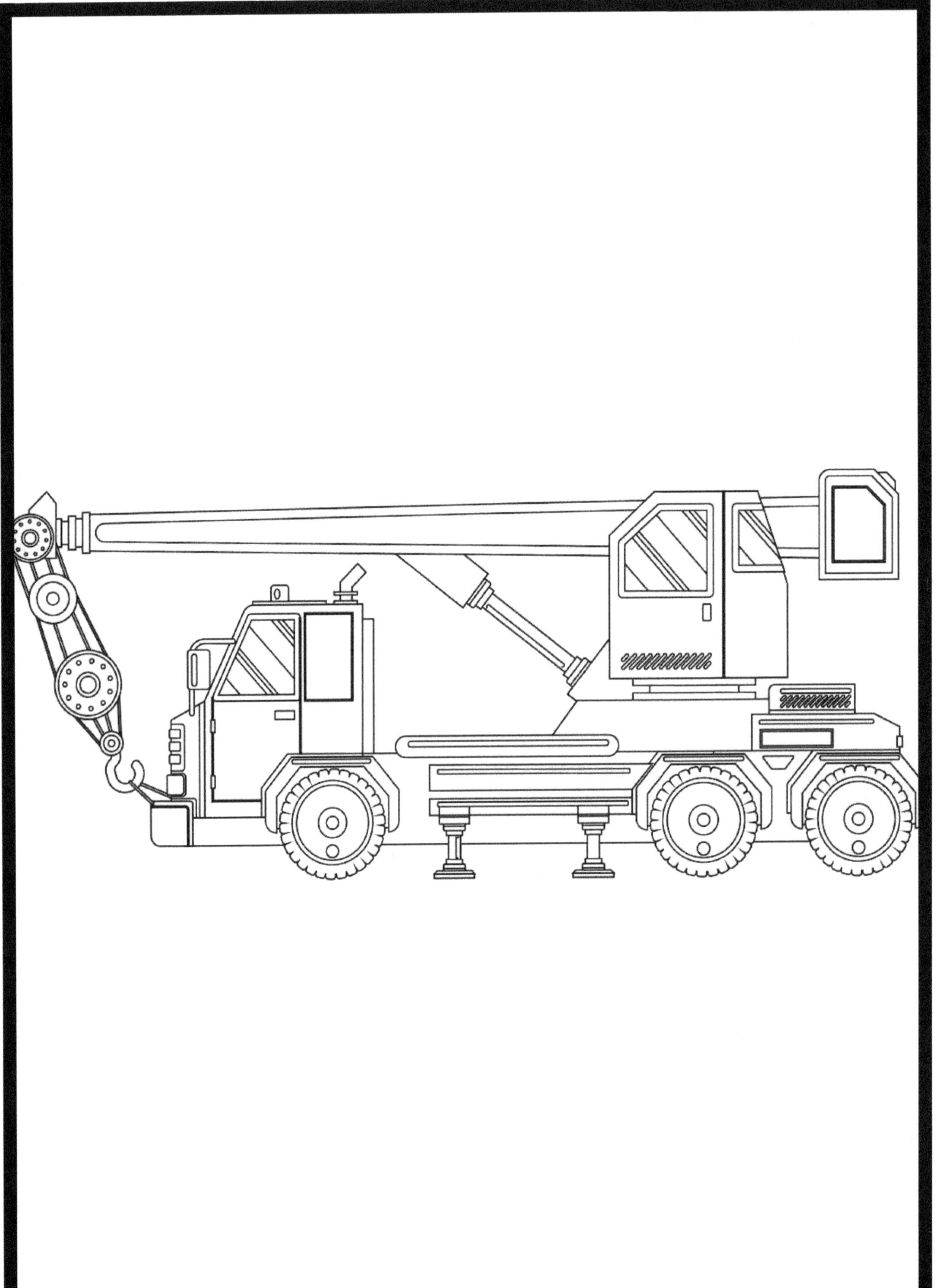

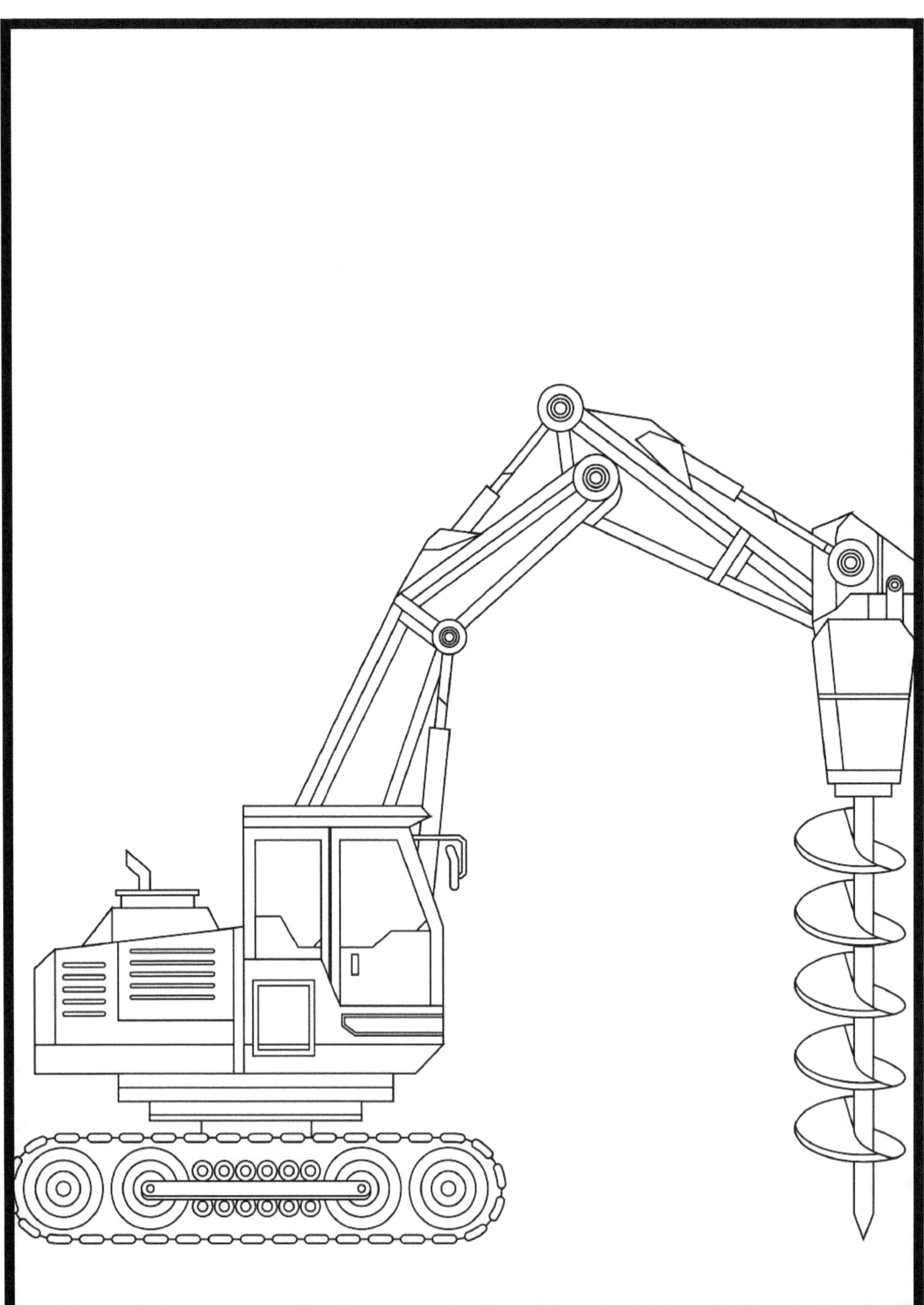

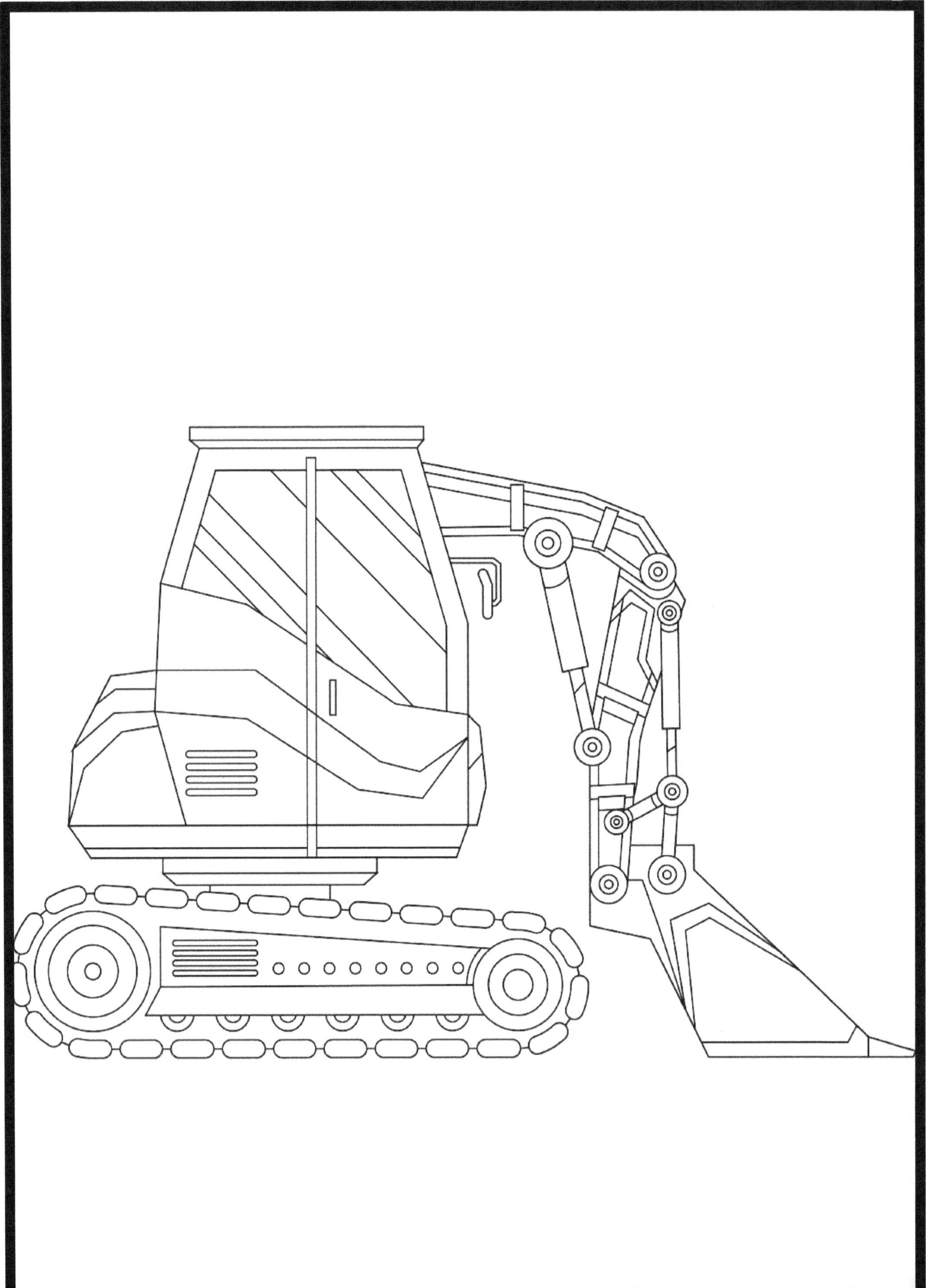